Kunterbunte Verse 4

Heinz Weber

Kunterbunte Verse 4

Bibliografische Information der Deutschen Nationalbibliothek
Die Deutsche Nationalbibliothek verzeichnet diese Publikation
in der Deutschen Nationalbibliografie; detaillierte bibliografische
Daten sind im Internet über http://dnb.d-nb.de abrufbar.

© 2019 Heinz Weber
Umschlagdesign, Satz, Herstellung und Verlag:
BoD – Books on Demand, Norderstedt
ISBN 978-3-7481-0462-9

Inhalt

Arznei

Im Alter, früher kaum bis nie,
beschäftigst du die Pharmazie.
Der Arzt verschreibt dir manches Mittel,
sie alle haben schöne Titel.

Doch selbst, wenn dieser Arzt sehr tüchtig,
nicht immer hilft das Mittel richtig.
Es ist so wie bei arm und reich,
die Menschen sind nicht alle gleich.
Dem einen hilft die Pille schon,
der andere findet da nur Hohn.

Die Menschen sind halt sehr verschieden.
Wer das nicht weiß, hat Pech statt Frieden.

Begleiterscheinungen

Bis vor kurzem hatt' ich Kraft
in den Muskeln, und geschafft,
was da täglich war zu tun,
heute will ich lieber ruh'n.

Denn inzwischen zeigt sich's halt,
langsam werd' ich richtig alt.

Nur nicht ärgern (bin ja froh!),
den meisten geht es ebenso.

Beharrlich

Abgelaufen wär' die Zeit,
doch nicht jeder ist bereit,
das dann richtig zu erkennen,
er sieht weiter sich im Rennen.

Viele Leute wünschen schon:
Steig herab von deinem Thron!
Doch er hat sich so dran gewöhnt,
merkt nicht, wie die Umgebung stöhnt.

Lasst uns hoffen auf die Wende,
und das Streiten hat ein Ende.

Beliebt

Ob ein Politiker beliebt,
dafür es viele Gründe gibt.
Die meisten, die sind da nicht faul
und schau'n dem Volke grad aufs Maul.

Doch die Rhetorik ganz allein,
die kann nie eine Lösung sein.
Dazu noch frech und aggressiv,
das geht bestimmt fast immer schief.
Nicht nur Worte, sondern Taten
wären da auch angeraten.

Ein guter Grund, warum hier Frauen
ankommen, ist zu durchschauen:
Fürsorglichkeit und Mutterliebe
sind halt erstrebenswerte Triebe.
Die sind bei Frauen ausgeprägt
und das dann hier auch Früchte trägt.

Besuch

Ein Alter, aber auch ein Kranker
hat meist zuhause seinen Anker.
Wenn's daheim gar nicht mehr geht,
dann eine Möglichkeit besteht:

Das Altenheim, kein schöner Name,
die „Residenz" macht mehr Reklame.
Gesellschaft, die ist manchmal schaurig,
doch Einsamkeit ist auch oft traurig.

Familie wünschten alle später,
nur dieses Glück hat nicht ein jeder.

Besuch bei Witwen und bei Waisen
kann„Gottesdienst" ganz einfach heißen.*

---

* Jak. 1, 27

Bilanz

Der Kopf noch klar, wie's früher war.
Das Herz schlägt ganz zufriedenstellend,
auch die Verdauung: fast erhellend.
Die Augen seh'n mit Brille scharf,
hab' keinen Korrekturbedarf.
Das Hören, das ist leider schlecht,
mit Hörgerät kommt man zurecht.

Nur diese Muskeln in den Wadeln,
die muss ich leider manchmal tadeln.
Das merkt man sehr beim Treppensteigen,
ganz früher tat sich das nicht zeigen.
Sehr lang zu wandern wäre schön,
doch würde das jetzt nicht mehr geh'n.

Auch das Gedächtnis, dass ich's sag',
das geht von zwölf nur bis Mittag.
Nur schlafen kann ich noch recht gut,
wenn man auch tagsüber mal ruht.

Blutabnahme

Wenn du mal zum Arzt gekommen,
wird oft Blut dir abgenommen.
Bei Geschick und richtiger Nadel
gibt es keinen Grund zum Tadel.

Doch nicht immer glückt es so,
und dann bist du weniger froh.
Ein Verband wird angelegt
und der Arm auch schön gepflegt.

Am nächsten Tag, ich bin so frei,
ist alles fast ganz wieder neu.

Bruch

Treppen – allemal gefährlich!
(Sage ich, und mein' es ehrlich).
Besonders, wenn du in der Hast
mal etwas wenig aufgepasst.
Da macht es: Knack! – Ein Knochen bricht
und angenehm ist dieses nicht!
Das gilt vor allem, wenn du älter
und wenn es draußen etwas kälter.

Ein Orthopäde ist nun Ziel,
geröntgt wird dort auch ziemlich viel.
Damit auch alles später richtig,
kommt nun ein Gips, der sehr gewichtig.
Doch frag' ich jetzt, wie es gekommen,
dass ich zwei Kilo zugenommen.
Die Hoffnung bleibt, nicht nur zum Teil,
dass alles später wieder heil.
Drum fass´ dich etwas in Geduld,
wenn nicht, dann bist du selber schuld!

Bücher

Viele Bücher, meterlang,
steh'n im Schrank, mir ist ganz bang.
Schiller, Goethe, Shakespeare, Kleist,
oder wie das alles heißt.

Früher hat man ab und zu
darin gelesen, jetzt ist Ruh'.
TV heißt heut' das täglich Brot
und die Bildung leidet Not.

Den Fußball und die Politik,
die hab' ich dabei manchmal dick!
Anstelle dicker Lexika
Gibt's heut' ja WIKIPEDIA.
Doch wär' ein fleißiger Student
ganz ohne Fachbuch bald am End.

Dachschaden

Ist im Dache mal ein Leck,
dann verfehlt das seinen Zweck,
denn der Regen dringt da ein
und durchfeuchtet jeden Stein.

Obwohl Wasser schon geniert,
schlimmer ist's, wenn es gefriert,
denn dabei dehnt es sich aus
und es folgt der große Graus!
Es zersprengt dann jeden Stein,
auch der Putz wird nicht mehr sein.

Darum dichte schnell das Leck,
sonst bleibt gute Laune weg.
Bis du dann das Leck gefunden
dauert's sicher viele Stunden.

Daniel in der Löwengrube

Daniel, ein hoher Beamter in Babylon,
hatt' viele Neider seit langem schon.
Die suchten daher einen triftigen Grund,
ihn anzuklagen beim König – und
fanden jenen in einem neuen Gesetze.
Sie suchten dann nach, ob er dieses verletze.
Es verbot auch zu beten an einen Gott,
und Daniel geriet deshalb in ziemliche Not.
Er wurde ertappt und musst' sich begeben
in eine Grube, da waren drei Löwen.
Deren Maul blieb geschlossen, sie verletzten ihn
nicht.
Die Ankläger aber kamen nun vor's Gericht.
Sie wurden jetzt mit der Strafe bedacht:
Die Löwen haben ihnen den Garaus gemacht.

Daniel 6

Das goldene Kalb

Der Herr rief Mose auf den Berg
und gab ihm das Gesetzeswerk,
das auf zwei Tafeln eingebrannt
mit Gottes rechter Feuerhand.

Es dauerte dem Volk zu lang.
Nach vierzig Tagen ward es bang.
Sie schmolzen Schmuck zum gold'nen Stier
und sahen den als Gott jetzt hier.

Mose, der herabgekommen,
sammelte um sich die Frommen.
Er stieg hinauf zur Berges Mitten,
Gott um Vergebung nun zu bitten.

„Heimsuchen will ich ihre Sünde,
wenn ich die Zeit geboten finde!"

David und Goliath

Philister waren groß und kräftig,
ihr Streit mit Israel war heftig.
Ein Zweikampf sollte es entscheiden,
wer Herr, wer Knecht von diesen beiden.

Da gab es einen tüchtigen Jungen,
der hatte schon Löwen und Bären bezwungen.
Das tat er mit Schleuder und etlichen Steinen,
so war er mit seinen Gegnern im Reinen
und damit erschlug er auch in der Tat
den großmäul'gen Riesen Goliath.

Man sieht daraus, dass auch ein Stein,
wenn er gut trifft, kann tödlich sein.

Dicke Beine

Hast du Wasser in den Beinen,
und sie dicker meist erscheinen,
dann ist das Entwässern Pflicht.
Doch von selbst, da geht das nicht!

Du musst was dagegen tun,
völlig falsch wär' auszuruh'n.
Wichtig ist's, herauszufinden,
welcher ist's von mehreren Gründen.

Oft, da hängst du an der Angel
und die heißt: Bewegungsmangel!
Drum bewege deine Wadeln,
sonst muss ich dich ernstlich tadeln.

Die Autobatterie

braucht Pflege.
wenn nicht, dann geht sie eig'ne Wege.

Beim Fahren wird sie aufgeladen.
Wenn's Auto lang steht, nimmt sie Schaden.
Willst du dann eines Tags mal starten,
da bleibt dir nichts, als lang zu warten.

Du greifst nun, hoff' ich, nicht zu spät
zu einem Aufladegerät.
Hast du jetzt Glück: nach einigen Stunden
drehst du wieder deine Runden.

Nun die Moral von der Geschicht:
Das Auto steh' zu lange nicht!

Die Katze

ist ein liebes Tier,
sie schmust und schmeichelt gern mit dir.
Sie kommt und geht, wie sie es will,
dein Wunsch gilt nicht besonders viel.
Sie pflegt das Fell durch fleißiges Lecken,
bemüht sich, nirgends anzuecken.
Sie geht auch wie auf Sammetpfoten
und meidet meist, was du verboten.
Wenn's Fell mal juckt, kneift sie die Stelle
mit dem Gebiss für alle Fälle.
Für ihr Geschäft, da will sie raus,
erledigt es auch nie im Haus.
Wenn dies nicht geht, dann irgendwo,
es gibt ja noch das Katzenklo.

Die Lampe

Bei der neuen Lampe schön
ist die Flamme hell zu seh'n,
denn sie leuchtet ruhig und groß,
flackert auch ganz selten bloß.

Ist die Lampe aber älter,
vor allem, wenn's noch draußen kälter
und ihr Öl wird dazu knapp,
nimmt die Helligkeit rasch ab.

Wenn das Öl gar aufgebraucht,
hat sie ihr Leben ausgehaucht.

Drei Männer im Feuerofen

Alle Beamten sollten Verehrung zeigen
und vor einem Götzenbild tief sich verneigen.
Drei Männer wurden von Bösen beschuldigt,
sie hätten der Forderung nicht gehuldigt.
Die Weigerung kommt diese sehr teuer:
Nebukadnezars Befehl: Werft sie ins Feuer!

Das Feuer wütete, doch sah man hinein,
da waren vier Männer anstelle der drei'n.
Zur Rettung ward nämlich ein Engel gesandt,
zu behüten die Männer vor diesem Brand.

Der König rief sie heraus, und hört:
Kein einziges Haar war bei ihnen zerstört.

Der König sagte verwundert noch dann:
Es gibt keinen Gott, der so retten kann!

Daniel 3

Ein großes Tier

hält sich für wichtig.
Doch dieses ist so nicht ganz richtig.
Trampelt rum im Porzellan,
ein Schaden ist dann rasch getan.

Wenn wer so überzeugt von sich,
dann ist das meistens hinderlich
für gutes Klima in dem Laden,
denn Taktgefühl ist lang schon baden.

Ein Mensch

den du sehr gut gekannt,
der hat verlassen dieses Land.
Du hätt'st ihm noch viel Jahr' gegeben,
doch plötzlich endete sein Leben.
Drum merke auf und sei bereit,
auch dich ruft mal die Ewigkeit!

Eine Straße

die verbindet,
dass man von A nach B schön findet.

Jedoch nach langjährigem Gebrauch
treten manche Schäden auf,
wenn Schwergewichte drüber rollen,
was sie auf dieser Straß' nicht sollen.

Auch Temperaturen, Niederschlag
und was da alles kommen mag,
die tragen bei zu jeder Zeit,
da ist die Straße nicht gefeit.

Neu braucht es Unterbau und Decke,
erst dann die Straß' dient ihrem Zwecke.

Einer Ärztin

Immer freundlich, zugewandt,
gibt's nicht oft in unserem Land.
Im Beruf sehr kompetent,
von Anfang bis zum guten End.
Möcht' es viele solche geben,
dann wär' besser es im Leben.

Einhandbetrieb

Da man ja sonst zwei Hände hat,
ist's jetzt recht mühsam – in der Tat!
Beim Anzieh'n schon gibt's Schwierigkeiten,
darunter muss man ziemlich leiden.

Beim Essen ist es aber besser,
denn man benötigt oft kein Messer.
Darum hab' ich den Löffel lieb,
denn da geht's mit Einhandbetrieb.

Doch willst du jetzt noch etwas schneiden,
dann musst du leider dich bescheiden,
denn das Objekt, es rutscht dir weg,
damit verfehlt es seinen Zweck.
Und dieses wär doch sehr blamabel:
Es fehlt hier auch noch eine Gabel.

Doch erst das Anzieh'n: ein Problem,
das ist im ganzen wenig schön.
Von hinterlist'gen Unternehmen
woll'n wir heute Abstand nehmen.

Zum Schreiben reicht ja eine Hand,
an alle, die mit dir verwandt.
Und auch für diese Tastendinger
genügt der Daumen und ein Finger.

Elektrosensibilität

Computer, Handy, Telefon
nutzt heutzutag' fast jeder schon.
Damit gibt's, das ist festzustellen,
elektro- und magnetische Wellen.

Den meisten macht das gar nichts aus,
jedoch für wenige ist's ein Graus:
Haben Beschwerden, leiden dann,
solang' 'ne solche Quelle an.
Die Flucht, die ist nicht immer möglich
und deshalb leiden solche täglich.

Erdbeben

Das, was unten ist, ist wichtig,
denn es trägt, was drüber, richtig.
Jedoch ein krankes Fundament,
das bringt gar oft ein schlimmes End.

Das gilt für Brücke und für Haus,
und manchmal geht es tragisch aus.
Wenn schließlich noch die Erde bebt,
dann hat das Bauwerk längst gelebt.

Fang an!

Ach, es wär so viel zu tun,
doch du ziehst es vor, zu ruh'n.
Gleichfalls stimmt dies auch nicht heiter,
denn von selbst, da geht nichts weiter.

„Fang an!", so heißt das Zauberwort,
wirst seh'n, dann geht's auch weiter fort.
Bleib bei der Sache und beim Denken,
lass' dich von niemandem ablenken!
Tu deine Arbeit schön fürbass,
dann macht es dir auch richtig Spaß.

FIFA

Vieles in der Welt ist schlecht
und das ist wohl keinem recht.
Schlaue, die mit manchen Dingen
es zu Macht und Wohlstand bringen.
So beim Fußball, der ist rund,
die Geschäfte sind oft bunt.

Daraus kann man weiter schließen,
dass da Millionen fließen
für allerlei Gefälligkeit,
besonders so in jüngster Zeit.

Flüchtig

Früher hat man das behalten,
anders ist's bei einem Alten.
Eben war es noch da oben,
jetzt ist's weg: Man könnte toben!

Man zermartert sich das Hirn,
tiefe Falten kriegt die Stirn.
Was versunken, taucht nicht auf,
das ist so im Lebenslauf.

Soll was gegenwärtig bleiben,
hilft dir nur, es aufzuschreiben.
Denn was man schwarz auf weiß besitzt ...
Das wissen alle, die gewitzt!

Gartenarbeit

Früher konnt'st du deinen Garten
weitgehend noch selber warten:
Rasen mähen, Büsche schneiden,
vorne und auch an den Seiten.

Doch Alter fordert nun Tribut
und das ist dann nicht so gut.
Ein Gärtner, der ist da gefragt,
dass er sich für dich jetzt plagt.

Was gewachsen sehr gewaltig,
ausgedehnt und vielgestaltig
wird gezähmt mit Scher' und Messer,
dann gefällt es auch viel besser.

Noch der Schnitt wird weggebracht,
wie du dir das auch gedacht.

Gedächtnis

Was mal viel früher dir geschah,
du weißt es noch und es ist da!
Auch deshalb lernt man in der Jugend,
obwohl es heißt: Da fehlt die Tugend!
Gedächtnis ist ein kostbar' Ding,
doch damals schätzt' man es gering.

Bist du dann älter, welch ein Tort,
ist alles schon nach kurzem fort.
Drum schreibe auf, was dir sehr wichtig,
dann liegst du für die Zukunft richtig.
Doch einfach so dahingeschmiert
ist nicht das, was zum Ziele führt.
Wenn fehlen Ordnung und System,
ist das sehr wenig angenehm.

Geduld

ist häufig unvermeidlich,
oft wird dann die Stimmung leidlich.
Vieles braucht halt seine Zeit
und man ist nicht stets bereit,
dieses auch zu akzeptieren.

Drüber sich zu ärgern immer,
macht die Sache nur noch schlimmer.
Bedenke: Fehlende Geduld
ist an manchem Unglück schuld!

Gegensätze

Die Nächstenlieb' als Christenpflicht
vertragen sich oft beide nicht
mit Fakten in der Politik.
Vergeblich ist da selbst Geschick.

Wer glaubt, er habe immer Recht,
passt für Gemeinsamkeiten schlecht.
Man kann nur hoffen, seine Macht
ist nicht so groß, wie er gedacht.

Ein Optimist nimmt trotzdem an,
dass die Vernunft kommt doch noch dran.

Größenwahn

Leut', die ganz oben, sieh' mal an,
verfallen oft dem Größenwahn.
Ein Unglück, wenn dann ihre Macht
viel weiter reicht als erst gedacht.
Vernunft kommt nur noch selten vor,
sie leihen Speichelleckern ihr Ohr.

Der Ehrgeiz, an sich positiv:
doch bei Politikern meist schief.
Napoleon und Hitler gleich:
Sie griffen an ein großes Reich.
 In beiden Fällen: eine Schlappe –
und die war gar nicht sehr von Pappe.
Damals bei Wilhelm als Marotte
war seine große Weltmacht-Flotte.
Er fordert' England so heraus,
am Ende kam der große Graus!

Hartnäckig

Wenn einer größer als die meisten
und meint, er könne sich viel leisten,
da er ja stets nach unten blickt
und hält sich auch noch für geschickt:
besteht Gefahr, dass er sich grade
bewegt auf einem falschen Pfade.

Man hofft, dass eine feste Hand
ihn wieder führt auf gutes Land.
Da sind Bedenken, und das nur,
weil manche Menschen eben stur.
Sie wissen nicht, das ist gewiss,
dass vieles nur ein Kompromiss.

Herbst

Die warmen Sommertage
die liegen jetzt zurück.
Der Herbst kommt, keine Frage.
Wir haben ihn im Blick
mit schönen bunten Blättern,
auch ungestümen Wettern.
Es pfeift ein heftiger Sturm
vorbei am Kirchenturm.

Von ferne schon ich seh'
gar bald den ersten Schnee.
Man trägt nun warme Kleider,
und irgendwie geht's weiter.

Hitze

Lieber Wettergott: Ich bitte,
das ist gegen gute Sitte!
Auf den Feldern wächst kaum was,
braun ist jetzt das grüne Gras.
Alle Bauern klagen laut,
Städter sind auch nicht erbaut.

Manchmal macht der Kreislauf schlapp,
auch die Stimmung sinkt ganz ab.
Fleißig schaffen, oft nicht möglich,
hohe Temperaturen täglich.

Wir wünschen sehr, und das wär schön,
den „Heizungsknopf" nach links zu dreh'n!
Auch am Wasser fehlt es sehr,
geregnet hat es lang nicht mehr.

Honig

Ein Bienlein fliegt von Blüt' zu Blüte
und wird dabei doch niemals müde,
es sammelt Nektar von den Blüten,
um ihn zu Honig zu vergüten.

Und diese golden-süße Speise
schmeckt auch auf ganz besondere Weise,
enthält viel weitere Substanzen,
die beitragen zum großen Ganzen.

Bakteriologisch wirkt er auch,
doch ist das nicht der Hauptgebrauch.
Den Schleckermäulern sei gesagt:
Die Karies ist hier gefragt!

Ideal

Wenn alle Leute sind gesund,
läuft es in der Familie rund.
Wenn Freude fehlt auch nicht im Haus,
vorhandene Mittel reichen aus.
Reserve da für alle Fälle,
dann ist die Stimmung ziemlich helle.

Gesorgt wird stets für gutes Essen,
passende Kleidung nicht vergessen.
Man lässt des Anderen Meinung gelten:
Meinungsverschiedenheiten selten.

Das alles wär' ja ideal,
doch ist's nicht immer so der Fall.

Image

Das Image ihrer Spitze zählt,
ob die Partei da wird gewählt.
Vertrauenswürdig und bescheiden,
die könnte man wohl besser leiden.

Doch jemand, der zu selbstbewusst,
bewirkt oft einen Image-Frust.
Leut', die gar frech bei ihrem Reden,
die sind vom Wähler nicht erbeten,
und am Ergebnis ist zu seh'n,
wie die Prozente baden geh'n.

Doch zu bescheiden ist auch schlecht:
Ein Mittelweg, der wär hier recht!
Noch besser wär' wohl, mein' ich fast,
der Lage immer angepasst.

Induktionsschleife[*]

Du hörst sehr schlecht:
dir gar nicht recht!
So in der Kirche, im Konzert
ist der Besuch nur wenig wert.
Denn Sprache und die Töne –ei!
Die gehen dann an dir vorbei.

Doch die Technik hat ein Mittel,
hat auch einen schönen Titel[*].
Stell' dein Hörgerät auf „T",
dann hörst du wieder wie seit je.

Jahrgang

Ein guter Jahrgang, der ist wichtig
beim Wein, denn dann erst schmeckt er richtig.
Das Wetter hat auch mitgespielt,
worauf der Winzer Wonne fühlt.

Dem Menschen bringt der Jahrgang oft
ein Schicksal, das er nicht erhofft.
So werden Jahrgäng' dezimiert,
wenn ein Herrscher Kriege führt.

Die Lüge bringt es an den Rand:
„Gefallen für das Vaterland!"
Das Sprichwort sagt: „Nur dumme Kälber,
die wählen ihren Metzger selber!"

Kabelfernsehen

Du bist gewohnt, dass Bild und Ton
angehen beim Einschalten schon.
Man hat sich so daran gewöhnt,
dass man, wenn gar nichts mehr geht, stöhnt.

Ein anderer begrüßt's und denkt:
Da werd' ich heut' nicht abgelenkt!
Nun kann ich endlich mal bei Sachen,
die liegen blieben, Ordnung machen.
Er fängt gleich an, ist guten Mutes.
Sieh, manche Panne hat auch Gutes!

Klavier

Das Klavier, ein Instrument,
wie es doch ein jeder kennt.
Viele Tasten, schwarze, weiße,
nebeneinander, nicht im Kreise,
kräftig oder sanft gedrückt,
kann nicht jeder gleich geschickt.
So lockst Töne du hervor,
wohlgefällig *deinem* Ohr.

Doch bis dahin braucht es Zeit,
jeder ist nicht gleich soweit.
Mancher bräuchte seine Ruh',
hält sich drum die Ohren zu.

Dieser Spruch – und wie gleich heißt er:
Erst viel Übung macht den Meister.

...

Knacks!

Im Alter gibt es viele Schwächen,
vom Ärgernis bis zum Gebrechen.
An manches kann man sich gewöhnen,
bei einigem, da muss man stöhnen.
Besonders schlimm aus meiner Sicht
sind Störungen beim Gleichgewicht.

Auch die Umgebung, die spielt mit,
macht man im Gras 'nen falschen Schritt,
so sind die Folgen meist erträglich,
bei Steintreppen ist alles möglich.

Man kann sich Arm' und Beine brechen
und könnt noch über vieles sprechen.

Bis der Defekt dann wieder heil,
dauert's meist eine ganze Weil'.

Kriege*

Sieht man sich um in der Geschichte,
dann wird die Laune bald zunichte.
Bei uns sind zwar jetzt Friedenszeiten,
die meiste Zeit herrscht aber Streiten.
Das kommt, so hab' ich mir gedacht,
dass leider Menschen an der Macht.
Es sind nicht immer nur die Guten,
und deren Völker müssen bluten.

---

*   „Kriege" (Wikipedia)
       20. Jahrhundert: 124
       21. (bis 2014):   15

Kunststoff-Verband

Leider macht die Müdigkeit
immer mehr und mehr sich breit.
Auch die Beine sind viel schwerer,
leider mehr und immer mehrer.

Frag' ich mich: Ist's nur das Alter,
das da knipst an einem Schalter?
Vielleicht sind's zum schlechten Ende
doch bestimmte Medikamente?

Kommt's vom Isocyanat?
der Verband* hielt das parat.
Hat es doch etwas beschädigt,
bevor die Feucht' das Gift erledigt?

---

* Das flüssige, toxische Isocyanat härtet mit Wasser zum festen Harz aus.

Lange Leitung

Ruf' ich heut' mal bei dir an,
macht es zwar tut-tut,
doch es geht nie jemand ran,
denn es ist kaputt!

So ist das jetzt seit ein'gen Wochen,
Abhilfe wird zwar versprochen.
Wünsch' mir, diese wär in Sicht,
doch sie zeigt sich leider nicht.

Von Bonn zu Dir hin ist's halt weit,
braucht eben alles seine Zeit.
Da bleibt dir nur ein kleiner Trost,
es geht noch immer mit der Post.

Lasten

Jeder Mensch, der trägt sein Päckchen.
Manchmal sind's recht schwere Säckchen,
die ihm aufgeladen werden.
Er leidet dann und hat Beschwerden.

Es kommt nicht auf die Säckchen an,
doch drauf, wie viel er tragen kann.
Denn schließlich weiß ein jedes Kind:
Die Menschen sehr verschieden sind.

Dem einen scheint ein Zentner leicht,
dem andern schon ein Kilo reicht.
Doch leider ist gar oft die Last
der Tragfähigkeit nicht angepasst.

Lebenserwartung

Wenn einmal zu stiller Stunde
Gedanken gehen in die Runde,
dann denk ich fast etwas entsetzt:

Wie alt bin ich denn eigentlich jetzt?
Hab' die Statistik, das ist wahr,
schon überholt um fast zwölf Jahr'!

Es heißt zwar: die Statistik trüge
und sei meist nichts als eine Lüge.
Doch sagt sie, was dir angenehm,
ist das für dich gar kein Problem!

Leck

Ein Gefäß mit einem Leck,
das verfehlt stets seinen Zweck.
Ein Leck im Dach
bringt ziemlich Ach,
das Wasser läuft ganz toll,
wohin es gar nicht soll.
Denn der Regen, sonst ein Segen,
kommt ins Haus, welch ein Graus!
Schimmelpilz, der freuet sich,
sicher gilt das nicht für mich!

Ein großes Leck in einem Schiff,
ein Katastrophen-Inbegriff!

Leider

So ist es halt mal auf der Welt:
Es geht um Einfluss und um Geld.
Es ist so meistens immer schon,
die beiden laufen auch synchron.

Und weiter habe ich gedacht,
dazu gehört der Wunsch nach Macht.

Magen

Nicht schön: ein verdorb'ner Magen,
denn er kann dich ganz schön plagen!
Manchmal hilft dann Fasten schon,
bis es wieder stimmt im Ton.

Geeignet auch ein Magenbitter
und dann geht es meistens wieder.
Vielleicht ist das auch ein Trost:
Vorerst gibt's nur leichte Kost!

Missgeschick

.... muss man ertragen,
wenn du klagst, wird es dich jagen.
Jammern, das hilft meistens nicht,
denn es trübt dir nur die Sicht.

Vergiss die dunklen Stellen schnell,
vielleicht ist es dahinter hell?
Frischauf und gehe neu zu Werke,
denn nur so zeigt sich deine Stärke!

Müde

Was einen stört zu jeder Zeit,
ist oft zu große Müdigkeit.
Obwohl recht gut und lang geschlafen,
da macht sie einem arg zu schaffen.
Doch nimm dir das nicht so zu Herzen,
denn du hast sonst ja keine Schmerzen.

Das Alter bringt halt manche Bürde
und kratzt etwas an deiner Würde.
Nur lass dich dadurch nicht verdrießen,
das Leben trotzdem zu genießen.
Wenn du sonst keine Sorgen hast,
dann trag' geduldig deine Last.

Musik

Wer die Musik zum Hobby hat,
der hört sich daran niemals satt.
Wenn eine Melodie erklingt,
wenn eine schöne Stimme singt,
schwebt das Gemüt in andere Sphären,
man hört nicht auf, gut hinzuhören,
und auch der Kummer schwindet leise.
Das dankt man dieser schönen Weise.

Neue Brille

Willst du lesen, brauchst du Licht,
ohne dieses geht es nicht.
Schlecht, wenn alles viel zu hell,
nun ist alles viel zu grell!

Dann ist des Geschäftsmanns Wille:
Du brauchst eine Sonnenbrille.
Nehmen'S doch getönte Gläser,
damit seh'n Sie noch viel besser!
Gleitsichtgläser wären Spitze.
Sind für nah und ferne nütze!

Noch gesagt: Vor allen Dingen
wird die Kasse dann schön klingen.

Neue Regierungs-Kutsche

Nach vieler Müh' und langem Warten,
da kann das neue Auto starten.
Zwei Räder passten nicht so recht
und deshalb lief es etwas schlecht.
Jetzt hat man beide ausgewechselt
und glaubt, es läuft nun wie gedrechselt.

Der Innenfahrer, könnt' man meinen:
Passt der hinein mit seinen Beinen?
Man hofft, er findet allemal
damit das richtige Pedal.

Die Zukunft wird es uns ja zeigen,
wenn jetzt beginnt der große Reigen.

Neue Leitungen

Sechs Monat' Bauzeit wird beteuert:
Das finde ich reichlich bescheuert.
Erst wird die Straß' tief aufgerissen,
das ist doch wirklich recht be--trüblich!

Um neue Leitung' zu verlegen,
da muss man einiges bewegen.
Man gräbt die alte Leitung aus,
die in der Straße und zum Haus.
Was denn, wenn drüber Bäume steh'n,
gar Mauern, Treppen: wenig schön!

Bist mit dem Auto doch seit Jahren
in die Garage reingefahren.
Wenn aufgegraben: Zu **den** Zeiten
gibt es große Schwierigkeiten.

Neues

Das täglich Neue gibt dir Schwung,
das gilt vor allem, wenn du jung.
Doch wenn zu viel auf einmal kommt,
dann ist das etwas, was nicht frommt.

Jedoch vom Alter her geseh'n
ist das alles nicht so schön.
Man möchte seine Ruhe haben,
verzichtet gern auf weitere Gaben.
Denn häufig sind sie recht beschwerlich,
das meine ich auch heute ehrlich.

Nicht aufgeben!

Wenn bei dir mal gar nichts klappt,
gib den Löffel nicht gleich ab!
Hab' Geduld und sei beständig,
das Leben ist oft zeitenwendig.

Stell' dich halt auf Neues ein,
könnt' ja auch was Schöneres sein!
Gib nicht gleich die Sache auf,
oft klappt's erst beim zweiten Lauf.

Nur munter!

Viel bewegen – und das täglich
und das auch so oft wie möglich!
Zu bequem ist halt der Sessel,
doch dort sitzt du in der Nessel!
Für den Kreislauf ist das schlecht:
Das ist dir bestimmt nicht recht.

Ostwind

Der Ostwind pfeift, die Kälte greift
dich an mit ihrem Eiseshauch,
dann frierst du auch.

Wenn du zu Haus im warmen Zimmer,
dann stört dich dieses nie und nimmer.

Es sei denn, das ist nicht gelogen,
du wärst zu dünn heut' angezogen.
Trag deshalb warme Unterkleidung.
Von Kälte steht auch in der Zeitung,
und tröste dich, das wär' mir lieber.
Das Schlimme, das geht mal vorüber.

Pantoletten..

sind bequem,
häufig auch recht angenehm.
An- und Auszieh'n geht sehr schnell,
möchte sagen: auf der Stell!

Sie sitzen nicht sehr fest am Fuß,
damit beginnt dann der Verdruss
beim Abwärtsgeh'n: wie wenig schön!

Das äußert sich meist dergestalt,
dass man verliert den festen Halt,
und wenn die Treppe gar aus Stein,
kann alles noch viel schlimmer sein!

Was dann passiert: Ach – c'est la vie –
Befrage deine Phantasie!

Parkplätze

Wohnt' man nicht am Studienort,
fuhr man mit der Bahn nach dort.
Heut' jedoch, soll ich es sagen:
Student, das geht nicht ohne Wagen.
An sich: zeitsparend und bequem,
doch vielfach nicht ganz angenehm.

Denn Autos brauchen Platz zum Parken,
die kleinen und erst recht die starken.
Wenn davon nicht genug vorhanden,
dann kommt meist Schwierigkeit zustanden.

Dies gilt besonders, wie man sieht:
wenn Schule in 'nem Wohngebiet.
Probleme bleiben da nicht aus,
und das ist dann ein arger Graus.

Pausen

Du sitzt an deinem Schreibtisch,
doch es geht nichts voran,
die Stimmung wetterwendisch:
Da denkst du ab und an:
Was in aller Welt denn bloß,
ist denn heute mit mir los?

Krampfhaft versucht, weiterzumachen?
Da könnte man nur drüber lachen.
Du produzierst nur weitere Pannen,
viel besser: nur mal auszuspannen.
Ganz einfach; du musst daran denken,
dich öfter einmal abzulenken!

Politik

In unserer Welt gibt's viel Probleme
und dazu wenig angenehme.
Doch dabei hab' ich mir gedacht:
So manche sind nur hausgemacht.
Vor allem in der Politik,
da kommt es manchmal knüppeldick.

Aufgeblasene Kleinigkeiten
finden sich zu allen Zeiten.
Manche hören sich gern reden,
wenn das auch gar nicht erbeten.

Fundiert, dazu gewissenhaft,
so wünscht man sich die Leidenschaft!

Privilegien

Ein Feiertag am Donnerstag,
liegt manchen günstig, wie ich sag'.
Dann kann der Freitag auch entfallen,
als Brückentag; doch nützt's nicht allen.

Ist man ab Mittwoch abend krank,
dann quält man sich bis Montag schlank.
Ein Privileg, das liegt halt fest,
zu fügen hat sich da der Rest.

Purpur

Die Farbe zwischen Rot und Blau
ist wohl erfreulicher als Grau.
Wer's trägt, ist sehr hervorgehoben
und meistens sitzt er auch schon oben.

Es war dem Kaiser vorbehalten,
sein Kleid mit Purpur zu gestalten.

Für ein Gramm Purpur zahlt der Markt
zweitausend Euro, das ist stark.
Und gar achttausend Purpurschnecken,
die bringt man dafür um die Ecken*.

---

* Wikipedia

Rechthaberei,

das ist ein Fluch,
wer sie vertritt, kriegt nie genug.
Er ist von sich so überzeugt,
dass sein Verstand schon teils entfleucht.
Wenn er noch sitzt am Steuerrad,
dann ist's vorbei mit gutem Rat.

Man weiß doch, und das ist gewiss:
dass vieles meist ein Kompromiss.
Man hofft, dass er bald Schiffbruch leidet,
bevor sich alles ganz zerstreitet.

Rechtzeitig

Von fern seh' ich das große Tor,
doch vorerst steh ich nicht davor.
Ich hoffe fest, dass auch mein Weg
bis dahin nicht zu schwer sein mög'.

Doch sollt' man sich, und das beizeiten,
schon jetzt auf's Gehen vorbereiten.
Rechtzeitig seine Unterlagen
vollständig auch zusammentragen,
dass dann im Falle eines Falles
gefunden werde schließlich alles.
Gebrauchsanweisung wäre nütze
und sicher eine gute Stütze.

Rotes Meer

Ein Volk, das floh aus Pharaos Land,
es wollte heim zum eigenen Strand.
Jedoch dem Herrn, dem's bisher Knecht,
war dieses überhaupt nicht recht,
verfolgte es auf schnellen Sohlen,
um es zu sich zurückzuholen.

Das Volk kam bis ans Rote Meer
doch ihnen half alsbald der Herr.
Ein starker Sturm blies in der Nacht,
das Meer fiel trocken, wie gedacht.

Das Volk ging bis zum Ufer weiter,
es folgten ihm Pharaos Reiter.
Der Sturm ließ nach, die Wasser kamen:
für Wagen, Ross und Reiter: Amen!

Schaben

Was krabbelt da im Supermarkt
auf den Karotten, das ist stark!
'Ne Kakerlake, auch bekannt
als Schabe hier bei uns im Land.

Wenn du's bemerkst, dann ist's ja gut,
falls nicht, kommst du zu spät in Wut.
Wirst welche später dann entdecken
zu Hause in verschiedenen Ecken.

Sie zu bekämpfen gibt es Mittel,
die haben meist auch schöne Titel.
Dass sie auch wirken, wünsch' ich dir,
sonst ist's vorbei mit dem Plaisir.

Scherben

Sagst du mal ein schlimmes Wort:
Schwupp! – Dann ist es auch schon fort!
Kannst es nicht zurück dir holen,
auch nicht auf ganz leisen Sohlen.
Drum bedenke, was du sagst,
bevor du arge Worte wagst.

Porzellan ist schnell zerschlagen,
Scherben dann zusammentragen
und sie müh'voll wieder kleben,
würd' man meistens vieles geben.
Leider muss ich aber schreiben:
Doch die Risse, diese bleiben!

Schlechte Laune

Ist die Laune heut' mal schlecht,
dann gefällt dir gar nichts recht.
S'ist zu warm oder zu kalt,
dies besonders, wenn du alt.
Auch die Sonne scheint ganz grell
und es ist dir viel zu hell.

Dazu geht geringer Lärm
dir doch ziemlich auf's Gedärm.
Die Umgebung schwätzt zu viel,
Ruhe wäre da dein Ziel.

Schön wär's, wenn man erst mal ruht,
dann wird vieles wieder gut.

Schmerzen

Ab und zu, da zwickt es dort,
oder an 'nem anderen Ort
Nicht sehr schlimm und noch erträglich,
denn im Alter ist das möglich.

Erinnert sich an frühere Zeiten,
wo man weniger musste leiden.
Doch denkt man dann mal richtig nach:
Wie war das mit dem Zahnschmerz – ach?
Heut liegt das alles ziemlich fern.
Gehabte Schmerzen hab' ich gern!

Sprechstunde

Bist du gesund, läuft alles rund,
doch hast du Schmerzen, gar am Herzen:
Schalt' lieber einen Gang zurück,
sonst geht vielleicht auch noch dein Glück.
Verschieb' nichts auf die lange Bank,
sonst wirst du sicher ärger krank.

Der Arzt, der untersucht dich gründlich
und sagt, bei Ihnen ist heut' nichts befindlich
und meint auch mit verschmitztem Lachen:
„Sie sollten halt mal Urlaub machen!"

Wahrscheinlich schreibt er auch was auf,
denn das ist so im Praxislauf.

Stolz

Wenn jemanden der Stolz verletzt,
pflegt dieser oft Vergeltung jetzt.
Wenn man es objektiv befindet,
dann ist der Stolz oft unbegründet.

Verletzter Stolz, ich sag' es heut',
ist häufig Ursach' von viel Leid.
Auf Ebene von Nationen
kann darin vieles Unheil wohnen.

Strahlregler

Am Wasserhahn sitzt so ein Ding,
man schätzt es leider oft gering.
Es macht den Wasserstrahl auch weich
und spart noch Wasser dabei gleich.

Nicht immer hat man damit Glück:
Ein Sieb hält Fremdkörper zurück,
das Sieb kann nämlich auch verstopfen.
Dann wird der Wasserhahn nur tropfen.

Das Ding ist leicht herauszudreh'n,
und 's Wasser läuft dann wieder schön.

Sturmwind

Jesus war in einem Schiff,
das im Sturm voll Wasser lief.
Der Jünger Petrus fleht zum Herrn,
und auch die andern hörten's gern:
O, hilf uns doch! Wir woll'n nicht sterben,
um im Wasser zu verderben!

Jesus zögerte nicht lange,
fragt': Warum seid ihr so bange?
Er beruhigte Wellen, Wind,
dass sie ruhig wie vorher sind.

Leute wunderten sich sehr:
Sagt, was ist das für ein Herr?
Er gebietet Wellen, Wind:
Das kann nur ein Gotteskind!

Traueranzeige

Heut' finde ich gar meinen Namen
im Zeitungsblatt mit schwarzem Rahmen,
Dazu auch, dieses ist doch wichtig:
Die Jahrgangszahl, die ist fast richtig.

„Freud' am Beruf und Schaffenskraft,
die waren bei ihm meisterhaft."
Dies hätt' ich gerne ungeniert
für mich genauso reklamiert.

Erst bei genauerer Betrachtung,
da findet der Beruf Beachtung.
Hier ist der Knoten in der Leitung:
Der Weber war bei einer Zeitung.

Da geh' ich mit mir ins Gericht:
Schau, diesmal warst du es noch nicht!

Tubenverschluss

Vom Mittelohr zum Rachenraum
da geht ein „Rohr", du glaubst es kaum!
Eustach'sche Röhre auch genannt
und medizinisch wohlbekannt.

Doch manchmal geht die Röhre zu,
vorbei ist es dann mit der Ruh'.
Es rauscht bei jedem Atemzug,
doch dieses ist noch nicht genug!

Beim Sprechen dröhnt der ganze Kopf,
du fühlst dich als ganz armer Tropf.
Einfache Tricks helfen nicht mehr,
das alles, das geniert dich sehr.

Turmbau zu Babel

Will man sich einem Namen machen,
bedarf es ziemlich großer Sachen.
Ein Turm, der da ganz himmelhoch,
der fehlte hier gerade noch.
Man brannte Ziegel, hart und feste,
Asphalt als Mörtel war das Beste.
Die Spitze reichte bis zum Himmel,
von oben sah man nur Gewimmel.

Nachdem der Herr den Turm gesehn,
da fand er ihn gar wenig schön:
Man könnte auch darüber sinnen,
ob sie noch Schlimmeres beginnen.

Gott verwirrt' die Sprach im Land,
dass keiner mehr zunächst verstand,
was ihm sein Nachbar wollte sagen.
Doch schwerer war noch zu ertragen:
Zerstreut' die Leut' in alle Welt,
was auch bis heute nicht gefällt.

Ungesund

Manche Leute meinen ehrlich,
Stickoxyde sind gefährlich.
Die vom Dieselauspuff kommen,
sollen uns schon gar nicht frommen.

Und so haben wir jetzt die
tollste Grenzwert-Hysterie.
Doch ich meine, andere Sachen
sollten uns mehr Ärger machen.
So der Feinstaub auf den Straßen
durch den Abrieb ohne Maßen.

Bewegungsmangel, Cholesterin,
Bluthochdruck wirken in dem Sinn.

Verschleiß

Mit Augen, Zähnen, Ohren
wirst du als Mensch geboren.
Die Zähne kommen später raus,
für manches Kind ist es ein Graus.

Und was zeigt meist den ersten Schaden?
Es sind die Zähne, gut geraten!
Die Augen kommen dann noch dran,
zum Beispiel bei 'nem jungen Mann.

Viel später sind es meist die Ohren,
Gehör geht selten ganz verloren.

Was gibt es noch, geliebter Schorsch?
Die Knochen sind im Alter morsch!
Da macht es „Knacks", der Knochen bricht,
doch ein Vergnügen ist das nicht!

Verstopfung

Im Becken bleibt das Wasser steh'n,
es läuft nicht ab, wie wenig schön!
Im Siphon sitzt das Unheil nicht,
da ist wohl eine Leitung dicht,
die weiter abwärts führt zur Straße.
Jetzt kommt etwas, was ich fast hasse!

Man führt hinein ins Ablaufrohr
'ne Stahlspirale (das kommt vor!)
und dieses Ding, das auch flexibel
dreht man hinein bis zu dem Übel.
Das weicht der höheren Gewalt,
selbst wenn es denn schon etwas alt.
Bleibt nur noch, ist abzuseh'n,
das Ding wieder herauszudreh'n.
Der Schmutz dabei gehört dazu,
erst dann hat alles wieder Ruh'.
Dein Wasser kann jetzt wieder laufen,
du hast verdient, nun aufzuschnaufen!

Vertrauen

Wenn du vor der Zukunft bangst,
hast du oft unnötige Angst.
Sich gar etwas auszumalen,
das macht dir nur weitere Qualen.

Darum höre den Bericht:
Ganz so schlimm kommt's meistens nicht!
Solltest mal nach oben schauen:
Immer hilft dir Gottvertrauen.

Vor Ort

Ein Objekt, sehr schön geschildert
und dazu noch reich bebildert:
Wie verlockend, scheint es dir!
Doch denk' nach und glaube mir:

Nur wenn es vor Ort besichtigt,
siehst du alles echt und richtig!
Dein Eindruck ist dann objektiv
und auch sicher weniger schief.

Vorsilbe „UN-"

An- und Ein-, Aus- und Un-, Auf- und Ab-,
Vorsilben, die stimmen ab,
was bei einem Wort geschieht,
wie man das dann alsbald sieht.

Am häufigsten findet man „Un-"*,
das hat mit Kritik zu tun,
vielleicht mit Besserwisserei.
So sind die Menschen – bin so frei!

---

* Duden-Reihenfolge: 10; 8; 3; 14; 6; 10 (Anzahl der Seiten)

Vorsorge

Du siehst ein Unheil kommen,
und das will dir nicht frommen.
Denk' nach, ob nicht in ein'ger Frist
vielleicht noch was zu ändern ist.
Falsch wär' es, einfach wegzudenken,
und damit Chancen zu verschenken.

Schreib' auf, was auch gegebenen Falles
zu tun, sonst überstürzt sich alles.
Noch ist es Zeit, drum überlege,
es gibt vermutlich mehrere Wege.

Wartung

Für Gesundheit ist entscheidend,
ob du munter oder leidend.
Während eines Lebens dann
häufen sich Wehwehchen an.

Auch Maschinen leiern aus,
das ist dann ein echter Graus.
Aber doch, in jedem Fall
ist das so und ganz normal.

Wartung, Pflege sind gefragt
(das ist leicht daher gesagt).
Dieses alles ist ein Grund,
dass es weiter läuft schön rund!

Wespen

... wie die Bienen fleißig,
doch stechen sie auch, dieses weiß ich.
Die Biene stirbt, wenn sie mal sticht,
bei der Wespe gilt das nicht.

Sie sammeln auch, und das ist wahr,
nicht wie die Bienen den Nektar.
Wo Wespen sind, dass ich's noch sage,
da gibt es keine Fliegenplage.

Rollladen-Kasten, ein Gebiet,
wohin es manchmal Wespen zieht,
denn darin bauen sie ihr Nest,
das ist gar kein Freudenfest!
Sie fliegen daraus hin und her,
in einem dichten Luftverkehr.

Glücklicherweis' passiert nie was,
denn fest davor ist Fensterglas.
Doch wär's vorbei mit deiner Ruh',
wenn dieses Fenster mal nicht zu.

Wichtig

Menschen, die im hellen Licht,
nein, die übersieht man nicht.
Andere, die im Schatten steh'n,
oft am Aug' vorübergeh'n.
Erst wenn mal das Licht verstärkt,
werden dann auch sie bemerkt.

Leute, die was von sich halten,
werden oft sich so verhalten,
dass sie stehen in der Sonne,
denn das ist für sie die Wonne.
Wichtig, dass sie nicht nur vif,
sondern auch noch attraktiv!

Wünsche

Arbeit, die Spaß macht
und nicht zu viel wird.
Wenig, besser gar keinen Ärger
mit lieben Mitmenschen.
Genug Zeit für Ruhe.
Friede und Freude im Herzen.
Ausreichenden und guten Schlaf.
Keine Sorgen.
Entspannung, soviel wie nötig.
Genug Mittel, aber besser etwas mehr.
Vor allem: gute Gesundheit!

Zahn der Zeit

Nicht immer, was du willst, das tut er,
dein vielgeplagter Alt-Computer.
Nicht nur die Menschen lassen nach,
auch manche Technik wird mal schwach.

Der Zahn der Zeit nagt überall
und lässt dir dann auch nur die Wahl
zur Reparatur oder zum Kauf,
dann lebt die Stimmung wieder auf.

Biographisches

Es war im Jahre zwanzig-fünf,
damals erschien ein kleiner Pimpf.
Die Eltern waren hocherfreut,
das war früher so wie heut'.
Geschwister hätte gern der Wicht,
doch diese gab es leider nicht.
Zur Schule ging's mit knapp sechs Jahren,
zur Hitlerjugend dann mit zehn
und hierbei hab' ich viel erfahren.
Heut' kann ich manches anders sehn.

Heinz Weber,
geb. 8 Mai 1925
in Nürnberg.

Mit knapp achtzehn – Abitur,
da begann die Ochsentour.
Wie es damals üblich war:
Arbeitsdienst ein Vierteljahr,
gleich darauf zum Militär.
Brückenbauen war schön schwer,
und auch Minen zu verlegen,
das war sicher gar kein Segen.
Pionier, so heißt der Job,
das war manchmal ziemlich grob.

Schon mit neunzehn ging's nach Osten,
dort konnt' ich die ‚Front' verkosten.
Die ersten Toten dort erlebt,
 das ist nichts, was die Stimmung hebt.
Schließlich war'n wir ganz gefesselt
und bei Brody eingekesselt.
Dort nur wenige entkamen,
Einzelheiten sprengt' den Rahmen.

Verwundet dann im Lazarett,
im Vergleich war das ganz nett.

Im nächsten Jahr ging es nach Westen,
Bewaffnung, die war nicht vom Besten.
Im Mai Kapitulation,
und die Gefangenschaft folgt' schon.

September fünfundvierzig dann,
kam endlich ich zu Hause an.
Da lernt' ich gleich Installateur
für Wasser – Gas gab es nicht mehr,
denn Nürnberg war ein Haufen Schutt,
der Anblick, der tat nicht so gut.

In sechsundvierzig dann,
da fing ich mit dem Studium an.
Chemie, wie lange schon geplant,
die Schwierigkeit' man kaum heut' ahnt.
Nun zum Beruf ging's an den Rhein,
im Jahre vierundfünfzig – fein.
Kunststoff' und Schäume waren Themen.
In '90 hieß es Abschied nehmen.
Damals begann die Pension,
und die genieß' ich lange schon.

Von manchen Hobbies ist geblieben,
das Reimen, was auch andre lieben.
Ich kombiniere – und igitt!
So bleibt das Oberstübchen fit